Der Zaun

Text: Jan Kaiser | Illustrationen: Katharina Sieg

Da haben wir den Salat!«, schnaufte Babatund, das dicke, alte Brillenschaf. Und schaute verträumt auf das Feld, das mit großen, grünen Köpfen Bataviasalat gesprenkelt war.
Bodo, Bärbel, Blasius, Barbarella, Babelisk, Babette, Beowulf und Bertraud, die anderen Brillenschafe aus der Herde, starrten in dieselbe Richtung.
Und zwischen der Herde und den Salaten stand der Zaun.

»Herrlich!«, schwärmte Bodo und leckte sich die Lippen.
Er hatte von allen Schafen immer den größten Hunger.
»Der dritte von rechts in der zweiten Reihe sieht besonders
knackig aus«, murmelte Bärbel. Sie hatte ein Auge für so etwas.
»Bataviasalat frisch vom Feld ist ja besonders bekömmlich«,
merkte Blasius an. Er hatte den empfindlichsten Magen.
»Noch schöner wäre es allerdings, wenn man nicht nur
über den Salat reden, sondern ihn auch fressen könnte«,
moserte Barbarella. Sie hatte meist sehr miese Laune.
Und zwischen der Herde und den Salaten stand weiterhin der Zaun.

Zuerst versuchten die Schafe, sich aufeinander-
zustellen, um über den Zaun zu kommen.
Aber Brillenschafe lassen sich ja bekanntlich
sehr schlecht stapeln. Das unterscheidet sie
etwa von Apfelsaftkisten oder Bauklötzen.

»Aua!«, meckerte Babelisk, als er sich von ganz unten aus dem Brillenschafhaufen herausgewühlt hatte.
Er war das wehleidigste Tier von allen.
Und zwischen der Herde und den Salaten stand immer noch der Zaun.

»Die Lösung lautet: Katapulttechnik und exakte
Flugbahnberechnung!«, verkündete Babette stolz.
Sie hatte von allen Brillenschafen den meisten Grips.
Also bauten sie aus einem alten, biegsamen Birkenstamm
und einem Tau, das auf der Weide herumlag,
ein Brillenschafkatapult.

Es funktionierte auch sehr gut. Zu gut sogar,
so dass Babette einen sehr schönen Blick von oben
auf das Salatbeet hatte, als sie in einer hübschen Flugbahn
darüber hinweg auf die gegenüberliegende Weide rauschte.
Und zwischen Babette und den Salaten stand nun
ein anderer Zaun.

»Wir müssen graben!«, entschied Beowulf. Er war in
einem früheren Leben ein Erdmännchen gewesen und
verstand eine Menge von Tunnelbau und Erdaushub.
Begeistert buddelte Beowulf drauflos. Doch leider
wühlte er sich mitten in einen Fuchsbau hinein ...

»Wie kann ich behilflich sein?«, fragte der Fuchs und bleckte die Zähne.
Schnell trat Beowulf den Rückzug an. Als er wieder oben war, erklärte er
seinen Freunden, dass er früher doch kein Erdmännchen gewesen sei,
sondern ein Faultier. Und die würden ja bekanntlich niemals buddeln!
Und zwischen der Herde und den Salaten stand unverändert der Zaun.

»Wo ist eigentlich die kleine Belka?«, fragte plötzlich
Bertraud. Sie war das Mutterschaf, das als letztes in der
Herde kleine Brillenschaflämmer bekommen hatte.
»Da ist sie!«, blökten alle durcheinander.

Und zwischen der Herde
und der kleinen Belka stand der Zaun.

Jan Kaiser ist von Hause aus Jurist. Aus Spaß an der Freude schreibt er Gedichte und Geschichten für Kinder, die in verschiedenen Verlagen erscheinen und im Radio zu hören sind. Er lebt mit seiner Familie im Breisgau. www.jan-kaiser.info

Katharina Sieg fühlt sich bei Möwengesang und Seeluft besonders wohl und hat aus diesem Grund in Hamburg Illustration studiert. Seither zeichnet sie fleißig Bilder für Kinderbücher und bastelt auch hin und wieder mal eine Laterne. www.katharina-sieg.de

Wortsport

Text und Illustration: Stefanie Duckstein

Das große Kribbeln

Text: Christa Wißkirchen | Illustrationen: Miro Poferl

Irgendetwas war los an diesem Tag. Es fing schon am frühen Morgen an. Als der Vater zum fünften Mal auf die Uhr schauen wollte, kleckste er aus Versehen die Marmelade auf seine Hand.

Der Bruder sagte zur Schwester: »Wie lange willst du noch an deinem Brötchen kauen? Mach voran!«
Und weil die Mutter rasch Tee einschenken wollte, kippte sie die Kanne so heftig nach vorn, dass der Deckel abfiel und der Tee über den Tisch floss.

Draußen war es nicht besser. Die Fußgänger an der Ampel drückten wie wild auf den gelben Knopf, weil sie endlich über die Straße wollten.

An der Kasse im Supermarkt quengelten die Kunden: »Geht das nicht ein bisschen schneller?«

»Los, weiter!« sagte eine Frau zu ihrem Hund und zerrte ihn von dem Baum weg, an dem er schnuppern wollte.

Der Opa auf der Parkbank fand es unnötig, seinen Krimi von vorne bis hinten durchzulesen. Er schaute einfach auf der letzten Seite nach, wer der Mörder war.

Das große Kribbeln war wie eine ansteckende Krankheit. Die Äpfel hüpften von den Zweigen, obwohl sie noch unreif waren. Die Amsel hatte keine Lust mehr, ihre Eier auszubrüten, und die Katze sagte: »Stundenlang am Mauseloch lauern? Ich bin doch nicht blöd!«

Was war nur los?
Das wusste niemand, denn alle
waren so kribbelig und zappelig,
dass sie gar nicht mehr ruhig
denken konnten.

Nur zwei gab es, die schauten mit Sorge diesem Treiben zu:
der Wind, der immer weht, und der Fluss, der immer fließt.
Sie kamen zusammen, um sich zu beraten.
»Stell dir vor, wie schlimm es ist«, sagte der Fluss, der immer
fließt. »Jetzt wollen sich sogar die Bäume am Ufer nicht mehr
im Wasser spiegeln. Es ist ihnen zu langweilig.«
»Das geht zu weit!« sagte der Wind, der immer weht.
»Wir müssen etwas unternehmen.«

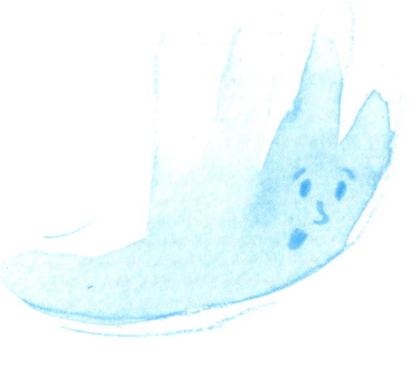

Er schwang sich hoch und suchte den Himmel ab. »Aha«, sagte er dann, »jetzt weiß ich, warum heute alle so ungeduldig sind. Sie können nichts dafür, denn eine riesige Zappelkribbelwolke ist von den Azoren her über den Atlantik gezogen und steht schon den ganzen Tag über dem Land.«

AZOREN

»Da hilft wohl nur ein tüchtiger Sturm«, sagte der Fluss, der immer fließt.

Der Sturm ließ sich nicht zweimal bitten. Mit Vergnügen legte er los, und dabei passierte es leider, dass er nicht nur die Zappelkribbelwolke wegschob, sondern auch unten auf den Straßen alles durcheinander wirbelte.

Er blätterte den Krimi des Opas so schnell um, dass er fortflog, er fegte das Amselnest mitsamt den Eiern aus dem Strauch, er warf die Blumentöpfe von den Balkonen.

»Halt, halt!« riefen die Menschen und hielten ihre Kinder und Mützen fest. Die Bäume am Ufer konnten sich gar nicht mehr im Wasser spiegeln, so tobten und schäumten die Wellen.

Erst am Abend legte sich der Sturm.
Die Leute sammelten ihre Mützen,
Hunde und Zeitungen ein, schauten
sich an und atmeten auf.

Ruhe! Stille! Blauer Abendhimmel!
Das große Kribbeln war vorbei.
Und die Bäume am Ufer betrachteten wieder stolz
ihr Spiegelbild im Wasser.

Christa Wißkirchen lebt in Augsburg und schreibt seit vielen Jahren Geschichten, Gedichte und Lieder für Kinder. Sie weiß, dass Kinder nicht nur gern Geschichten hören, sondern auch ein gutes Ohr für Verse und Melodien haben. Wobei ein bisschen Sprach-Quatsch nicht schaden kann.

Miro Poferl ist 1980 geboren und hat Illustration und Kommunikationsdesign in Hamburg studiert. Heute ist sie Grafikdesignerin, Autorin und Illustratorin und hat bisher acht Kinderbücher veröffentlicht. Ihre Arbeiten sind auf www.heymiro.de zu sehen.

Turbo und die Katze

Text: Gundi Herget | Illustrationen: Mascha Greune

Turbo war ein glücklicher und sehr tüchtiger Hund. Er passte aufs Haus auf und auf sein Menschenrudel, und er wusste genau, was sich gehörte, zum Beispiel bei den großen Hundegeschäften (draußen! Wiese!), beim Reviermarkieren (draußen! Bäume!) und am Schlafplatz des Menschenwelpen (Nur gucken! Nicht lecken! Nicht dazulegen!).

Turbo fand, er hatte das beste Menschenrudel der Welt. Denn dort gab es Felix, den Menschenwelpen, der ihn auf die Nase küsste und *ich hab dich lieb* flüsterte. Oft spielten sie das Lass-uns-rennen-Spiel oder das Hol-den-Ball-Spiel. Spielen liebte Turbo sehr, weil Felix dann so gut nach Freude roch.

Wäre es nach Turbo gegangen, hätte es für immer so bleiben können. Aber eines Tages passierte die Sache mit der Katze. Die war plötzlich da.

»Schaut mal«, sagte die Chefin zum Rudel, »der arme Streuner hatte einen Unfall. Aber das können wir richten.« Sie war nämlich Tierärztin und kümmerte sich auch um Tiere, die gar nicht zum Rudel gehörten.

So wurde die Katze gerichtet. Und sie fing an, durchs Haus
zu humpeln. Turbo hätte sie gern verjagt, aber immer
war einer vom Rudel in der Nähe. Als sie nicht mehr
humpelte, sagte die Chefin, dass es keinen Sinn haben
würde, Hund und Katze aneinander zu gewöhnen,
die Katze würde eh bald nach Hause laufen.
Aber von wegen. Die Katze hatte längst begriffen, wie fein
ihr neues Heim war: weicher Sofaplatz, immer Futter,
gekrault werden bis zum Schnurren.
Das Schnurren fanden alle lustig. Bis auf Turbo.
Der konnte nicht schnurren. Außerdem war das SEIN Sofa.
Als die Katze wieder einmal dort saß, machte Turbo ihr
das eindeutig klar: Er bellte. Ganz laut. Er würde die Katze
vom Lieblingssofaplatz herunterbellen.
Vergeblich. Dafür kamen Felix und die Chefin angelaufen.
Felix hob die Katze auf den Arm und schimpfte: »Jetzt ist
aber mal gut!« Die Chefin roch streng nach Ungeduld.

Ein anderes Mal schlich die Katze in die Küche. Man hörte sie nicht, aber Turbo konnte sie riechen und wusste immer, wo sie war. Hauptsache, nicht auf dem Sofa.
War sie nicht. Aber beim Fressnapf. Seinem Fressnapf!
Er bellte sein schrecklichstes Bellen, die Katze floh, Turbo hinterher. Durch die Küche in den Flur hinüber ins Wohnzimmer unter dem Esstisch hindurch über das Sofa. Irgendwo schepperte was.
Gleich hatte er sie und dann …

... kletterte die Katze fauchend die Vorhänge hinauf
bis zur Vorhangstange. Von dort fauchte sie zu Turbo
hinunter, und er bellte und bellte.
Da kam die Chefin rein. Und Felix.
Die Chefin schimpfte ein bisschen mit Turbo, und als
Felix ihn verteidigte, schimpfte die Chefin auch mit Felix.
Alle rochen schlimm nach Wut und Ärger.

Die nächsten Tage bemühte Turbo sich, die Katze
zu ignorieren, und das Rudel bemühte sich,
ihn milde zu stimmen. Mit Leckerlis, die er immer
bekam, wenn er die Katze sah und nicht bellte.
Pah! Leicht zu durchschauen!
Dann bekam der Menschenmann rote Augen
und eine Schniefnase.
»Das wird doch nicht die Katze sein«, sagte die Chefin.
»Wieso?«, fragte Felix.
»Allergie«, schniefte der Menschenmann und
schnäuzte in ein Taschentuch.
»Und wenn doch?«, fragte Felix.
Die Chefin und der Menschenmann machten ein
trauriges Gesicht. »Dann muss sie leider weg.«

Plötzlich roch Felix nach Kummer. Turbo wollte tun, was er dann immer tat: zu ihm tappen, Kopf aufs Bein legen, aus tiefstem Hundeherzen gucken. Dann roch Felix meistens gleich ein bisschen froher.

Auf den Felixbeinen lag aber schon die Katze. Jetzt wusste Turbo nicht weiter. »Ach du«, sagte Felix zu ihm. »Du magst sie eh nicht. Bestimmt bist du froh, wenn sie weg muss.«

Aber Felix sollte nicht so traurig riechen. Vorsichtig legte Turbo seinen Kopf auf ein kleines Stück Felixbein, das noch frei war. Die Katze roch eine Spur angriffslustig. Felix lächelte ein bisschen und kraulte beide gleichzeitig.

Dann ging der Menschenmann zum Allergietest.
Als er zurückkam, rief er. »Die alten Pollen wieder!
Keine Katzenhaare!«
Plötzlich roch Felix so froh, dass Turbo vor Glück
bellen musste. Felix legte ihm die Arme um den Hals
und sagte: »Na sowas, du freust dich ja auch.«
Das stimmte: Einer mehr im Rudel. Auch wenn
es nur eine Katze war.

Immerhin roch sie schon
ein bisschen nach Rudel.

Gundi Herget beschlich mit vier Jahren zum ersten Mal das Gefühl, dass die schwarzen Striche, Punkte und Kringel auf Papier das Aufregendste sein könnten, was es gibt. Und so war es dann auch. Als Selberlesen allein nicht mehr reichte, fing sie auch mit Selberschreiben an. Am liebsten für Kinder. www.gundiherget.de

Mascha Greune hat in Augsburg Kommunikationsdesign studiert. Einige Jahre arbeitete sie als Grafikerin, dann konzentrierte sie sich ganz auf die Illustration. Seither zeichnet und malt sie unermüdlich und hat mittlerweile zahlreiche Bücher für Kinder und Erwachsene illustriert. Sie lebt mit ihrer Familie bei München. www.mascha-greune.de

Wer hat den richtigen Riecher?

Bau dir dein eigenes Duft-Memospiel und teste, wer von deinen Mitspielenden die beste Nase hat.

Wie du das Spiel baust, steht auf den folgenden beiden Seiten.

Illu: Mascha Greune

12 Pappbecher   einen Gummiring   eine Schere   6 gelbe Papierservietten

1 PAPPBECHER MARKIEREN

Schnapp dir die Pappbecher und markiere
mit dem Gummiring die Mitte jeden Bechers.
Zeichne dann mit Filzstift acht gleichmäßig
verteilte Punkte auf den Becherrand.

2 SCHNUPPERBLUMEN SCHNEIDEN

Schneide die Becher von den Punkten
bis zum Gummiring in acht Streifen.
Knicke die Streifen nach außen um
und schneide daraus die Blütenblätter.

3 DUFTMATERIAL EINFÜLLEN

Fülle immer zwei Blumenbecher mit
gleichem Duftmaterial.
Von der Zitrone brauchst du nur
die Schale, und die Zwiebel muss
kleingeschnitten werden.
Dabei kann dir sicher jemand helfen.

DUFTMATERIAL: 2 TL Gewürznelken, 2 TL Kaffeepulver,
8 Anissterne, 2 Beutel Pfefferminztee, 1 Zitrone, 1 Zwiebel

ein
Schneidebrettchen

ein Messer

Filztstifte

4 DUFTMATERIAL VERSTECKEN

Schneide die Servietten in je 4 Quadrate.
Knülle ein Quadrat locker zusammen
und packe dieses in ein glattes
Serviettenstück, so dass runde
Kissen entstehen. Verschließe mit
diesen Kissen die Schnupperblumen.

5 GESICHTER AUFMALEN

Wenn du magst, male den Schnupperblumen mit
Filzstiften lächelnde Gesichter. Achte darauf,
dass diese möglichst gleich aussehen.

6 LOSSCHNUPPERN

Stelle alle Schnupperblumen zu einer
duftenden Blumenwiese auf. Nun nehmt
ihr reihum zwei Blumen, riecht daran und
erratet den Duft. Welche Spürnase
erschnuppert die meisten Paare?

FAMILIE *Fluse*
WIE WOLLMÄUSE WOHNEN

Gestaltung und Bild: Katrin Wiegand

DIE STAHLWOLLE

DER SCHWIMMFLÜGEL

DIE FLIEGEN-KLATSCHE

DER KARABINER

DAS OBSTNETZ

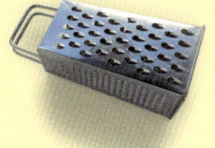

DIE KÜCHENREIBE

DAS PAPIER-
FÖRMCHEN

DER HELM

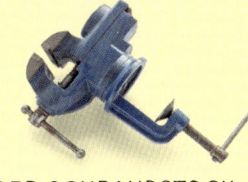

DER SCHRAUBSTOCK

YIPPIE! HEUTE TOBEN DIE WOLL-
MÄUSE AUF DEM ABENTEUER-
SPIELPLATZ. FINDEST DU DIE
DINGE, AUS DENEN DIE SPIEL-
GERÄTE GEMACHT SIND?

MACH MAL
n WIE nehmen

Das ABC der Tunwörter

von Ina Hattenhauer

Platz
nehmen

die Beine in die Hand
nehmen

etwas wörtlich
nehmen

Mach mit! Und kennst du noch mehr Tunwörter, die mit n anfangen?

sich Zeit nehmen

Abschied nehmen

den Bus nehmen

auf den Arm nehmen

in den Arm nehmen

etwas unter die Lupe nehmen

seinen Hut nehmen

45

DOPPELPACK
Horst+Helga

Mutter

Text und Illustration: Mascha Greune

Alles Gute zum Muttertag. Wir machen einen Ausflug!

Oh nein, ein Reifen ist platt. Ich muss ihn erst wechseln.

Horst und Helga gibt es nur im Doppelpack. Sie sind beste Freunde! Auch wenn sie ständig aneinander vorbeireden. Denn auch Wörter gibt es oft im Doppelpack: ein Wort, zwei Bedeutungen. Welches Wort ist es diesmal?

Text: Heike Nieder | Illustration: Annegret Ritter

Verwandlung

Ein Kriechtier sitzt im Lastenrad,

es tritt der Elefant.

Das Kriechtier ruft: He, nicht so schnell,

das ist mir zu riskant!

Das Rüsseltier hört gar nicht zu,

der Wind braust viel zu doll.

Dem Kriechtier fliegt das K davon…

Es schaut ganz jammervoll.

Dann schnüffelt es, dann schnuppert es:

Hier riecht's nach süßer Speis!

Mit Schwupp hüpft's aus der Kiste raus.

Da drüben gibt es Eis!

Fremd-Wörter

Muskat
- Gewürz-pulver
- Karten-spiel
- damit hat man Kraft

Gülle
- Organ des Menschen
- das kommt bei Kühen hinten raus
- schützt das Handy

Stinkmorchel
- Käse-fuß
- riechende Pilzart
- Baby mit voller Windel

Lavendel
- damit putzt man Staub weg
- duftende Pflanze
- stolze Vogel-art

Kümmel
- frecher Junge
- Schwanz vom Schwein
- Gewürz, das bei Bauch-schmerzen hilft

Nur einer der drei Vorschläge ist richtig. Welcher?

Die Auflösung findest du auf Seite 50.

Text und Illustration: Bettina Bexte

3 eigens illustrierte Geschichten in jeder Ausgabe

kreative Projekte und Experimente

alle zwei Monate eigene Post

FAIR ABO

fair: Jahresabo jederzeit kündbar

WERBUNG

werbefrei

Gecko macht im Abo noch viel mehr Spaß!

Jetzt abonnieren:
www.shop.gecko-kinderzeitschrift.de

Illu: Ulf K.

Auflösung von Seite 49: Stinkmorchel: riechende Pilzart; Muskat: Gewürzpulver; Lavendel: duftende Pflanze; Gülle: Das kommt bei Kühen hinten raus ; Kümmel: Gewürz, das bei Bauchschmerzen hilft.